Afaste-os das drogas
com jogos criativos

CB023637

COLEÇÃO PENSAR POSITIVO

Adeus à insônia e... ZZZZZZZZZZ
Rosalba Hernández

Afaste-os das drogas com jogos criativos
Adriana Gómez Clark

Bebês felizes com exercícios, jogos e massagens
Clara María Muñoz Gómez

Boas razões para deixar de fumar
María del Rosario Herrera Ardila

Como superar as perdas na vida
María Mercedes P. de Beltrán

Desenvolva sua inteligência emocional e tenha sucesso na vida
María Mercedes P. de Beltrán

Disciplina sim, mas com amor
Annie Rehbein de Acevedo

Encontre as forças do amor familiar e... viva-as
Gloria Luz Cano Martínez

Gotas de ânimo para descobrir as coisas simples da vida
Margot Vélez de Pava

Pensar positivo – Mude o disco de sua mente
María Mercedes P. de Beltrán

Posso aprender antes de nascer
Myriam Silva Gil

Preocupe-se menos... e viva mais!
María Mercedes P. de Beltrán

Separação saudável, filhos estáveis
Annie Rehbein de Acevedo

Ser feliz! A decisão é sua
María Mercedes P. de Beltrán

Sou adolescente... Entenda-me!
Ángela Marulanda Gómez

Vença a timidez com sucesso!
Dora Salive e Nubia Díaz

Você pode sair desta crise
María Mercedes P. de Beltrán

Voltar a viver... após a morte de um ente querido
Claudia Beltrán Ruget

Adriana Gómez Clark

Afaste-os das drogas
com jogos criativos

*A prevenção ideal apoiada em novas formas
de assegurar a auto-estima nas crianças
e fortalecer sua capacidade de dizer não*

Paulinas

**Dados Internacionais de Catalogação na Publicação (CIP)
(Câmara Brasileira do Livro, SP, Brasil)**

Gómez Clark, Adriana

Afaste-os das drogas com jogos criativos : a prevenção ideal apoiada em novas formas de assegurar a auto-estima nas crianças e fortalecer sua capacidade de dizer não / Adriana Gómez Clark [tradução Cristina Paixão Lopes]. – São Paulo : Paulinas, 2007. – (Coleção pensar positivo)

Título original : Aléjalos de las drogas con juegos creativos
ISBN 978-85-356-1905-8 (Paulinas)
ISBN 958-8204-22-4 (ed. original)

1. Auto-ajuda - Técnicas 2. Auto-estima em crianças 3. Drogas - Abuso - Prevenção 4. Jogos 5. Psicologia aplicada 6. Toxicomania - Prevenção I. Título. II. Série.

06-9759   CDD-158

Índice para catálogo sistemático:

1. Drogas : Prevenção com jogos criativos : Psicologia aplicada   158

Título original da obra: *Aléjalos de las drogas con juegos creativos*
© A Uno A Editores, Bogotá, 2005.

Direção-geral: *Flávia Reginatto*
Editora responsável: *Luzia Sena*
Assistente de edição: *Andréia Schweitzer*
Tradução: *Cristina Paixão Lopes*
Coordenação de revisão: *Marina Mendonça*
Revisão: *Alessandra Biral*
Direção de arte: *Irma Cipriani*
Gerente de produção: *Felício Calegaro Neto*
Projeto gráfico: *Telma Custódio*
Capa e editoração eletrônica: *Renata Meira Santos*
Ilustrações: *Vasqs*

Nenhuma parte desta obra pode ser reproduzida ou transmitida por qualquer forma e/ou quaisquer meios (eletrônico ou mecânico, incluindo fotocópia e gravação) ou arquivada em qualquer sistema ou banco de dados sem permissão escrita da Editora. Direitos reservados.

Paulinas
Rua Pedro de Toledo, 164
04039-000 – São Paulo – SP (Brasil)
Tel.: (11) 2125-3549 – Fax: (11) 2125-3548
http://www.paulinas.org.br – editora@paulinas.com.br
Telemarketing e SAC: 0800-7010081
© Pia Sociedade Filhas de São Paulo – São Paulo, 2007

Queridos pais...

Tanto vocês como eu sabemos que nossos filhos estão cada vez mais expostos aos riscos das drogas e do abuso do álcool.

Em minha atuação como psicóloga, os pais me perguntam, freqüentemente, quando devem começar a prevenir, ou seja, a se antecipar para evitar que seus filhos se vejam envolvidos com drogas. Minha resposta é conscientizá-los de que o risco começa quando as crianças ainda são pequenas.

Por quê? Porque elas são como uma árvore que cresce e que, para ser forte, necessita que suas raízes sejam firmes.

As crianças devem ter bases muito sólidas em seu desenvolvimento afetivo, emocional, psicológico, intelectual e social, para que, ao chegarem à adolescência, que é a etapa de alto risco de consumo, possam discernir e decidir acerca do que lhes convém e saber o que as prejudica.

Na adolescência já estão formadas as raízes. Por isso, nossa recomendação é a prevenção. Como? Dando a vocês, pais, as ferramentas para que fortaleçam seus filhos nas idades compreendidas entre os 6 e os 11 anos.

Neste livrinho, vocês encontrarão atividades e jogos que ajudam seus filhos a se sentir queridos, ouvidos, aceitos e reconhecidos pelos outros. Tudo isso contribui para a construção adequada do que chamamos *auto-estima*, ou seja, ter uma boa imagem de si mesmo, reconhecer-se de forma positiva e sentir-se capaz de fazer e de ser.

Recordemos que na adolescência acontecem grandes e significativas mudanças no aspecto físico e psicológico dos jovens. Por exemplo, eles tornam-se mais independentes, procuram afirmar-se, são rebeldes, não querem mais ficar com seus pais, necessitam revelar a própria identidade. São "grandes" e adquirem capacidade de decidir por si mesmos, com autonomia.

Esses desejos de independência levam-nos a experimentar coisas novas. Se, em sua etapa de crescimento, contribuirmos de modo positivo para que sejam pessoas seguras de si mesmas, com elevada auto-estima, serão capazes de tomar decisões de forma consciente, responsável e comprometida.

Os exercícios que lhes oferecemos aqui, queridos pais, lhes permitirão trabalhar com seus filhos, de maneira divertida, em três áreas fundamentais, orientadas a fortalecer a auto-estima, o afeto e a capacidade de expressão de seus filhos. Mostrarão como partilhar com

eles momentos significativos de suas vidas. Mas, vejamos, o que é realmente partilhar?

- É escutá-los com atenção.
- É participar com eles de suas atividades.
- É dizer-lhes que os amam.
- É abraçá-los.
- É ouvi-los, e que eles ouçam vocês.
- É respeitar o tempo em que estão juntos.
- É dar-lhes espaço para que possam se expressar.
- É saber qual é sua cor preferida; qual a comida de que mais gostam; que interesses têm; quais são seus assuntos preferidos.

Não se esqueça...

*As crianças são pequenos seres
que mal estão começando a vida e precisam
sentir-se queridas, ouvidas, aceitas,
reconhecidas,
acompanhadas e amadas.*

CAPÍTULO 1

Fatores que previnem o consumo

Quando falamos em prevenção, a primeira coisa que devemos fazer é prestar atenção ao ambiente em que crescem nossos filhos. Os pais devem proporcionar-lhes afeto e segurança, para que tenham a oportunidade de crescer sem grandes dificuldades.

Papai e mamãe, conversem com seus filhos, contem-lhes histórias acerca da família deles: quem são seus pais, quem foram seus avós, onde viviam. Contem como foi seu crescimento, do momento em que se sentaram pela primeira vez, quando caminharam, com que idade lhes nasceu o primeiro dente, qual foi a primeira palavra que pronunciaram, quando andaram de bicicleta pela primeira vez...

Os estudos mais recentes sobre prevenção de uso de drogas afirmam que as situações familiares regulares são fatores protetores, ou seja, ajudam a prevenir o consumo de drogas entre os jovens.

Quais os fatores familiares mais significativos?

1. Que os filhos vejam em seus pais uma boa relação conjugal, em que exista respeito e comunicação saudável.

Se o casal tiver conflitos insolúveis, deve tomar decisões no sentido de proteger as crianças. Quando os pequenos crescem em um ambiente violento ou de permanente conflito e desqualificação, aprendem a assumir um comportamento semelhante na própria vida.

Quando os filhos crescem em um lar onde predomina o afeto e convivem em um meio onde há cordialidade, carinho e respeito, isto é o que, por imitação, aprendem sobre as relações.

Os conflitos e as discórdias não somente são inevitáveis, mas, em muitas ocasiões, são necessários para se chegar a um consenso. O importante é que a forma como se dão seja respeitosa e em momentos oportunos. Se as crianças observarem respeito na forma como seus pais se comunicam e se relacionam, isso é o que aprenderão.

2. Que o consumo de substâncias legais (especialmente álcool) por parte dos pais seja moderado, mostrando aos filhos um exemplo regular. Muitas condutas e comportamentos são adquiridos por imitação; as crianças aprendem ao observarem seu cotidiano.

O consumo de bebidas alcoólicas legais é, muitas vezes, estimulado de forma desmedida por nossa sociedade. A diversão, em muitos casos, é acompanhada e relacionada ao álcool. Como pais, devemos estar atentos para que, em nosso lar, o consumo se faça de forma responsável e moderada.

Perguntemo-nos que exemplo estamos dando a nossas crianças na forma como bebemos; disso depende o que poderemos exigir-lhes no futuro. Que o nosso consumo seja conseqüente com o que nós mesmos queremos de nossos filhos.

3. Propiciar uma comunicação franca e aberta entre os membros da família. Procurar destacar e estimular as conquistas de nossos filhos. Falar sobre suas capacidades e qualidades, estimular-lhes a confiança. Isso contribui para que cresçam seguros de si mesmos. Como pais, devemos estar atentos às preocupações das crianças. Elas devem saber que contam conosco e devemos proporcionar-lhes um ambiente de confiança.

4. As crianças exigem ser orientadas de forma adequada. Elas precisam aprender a discernir entre o que lhes convêm e o que não. Para isso é preciso estabelecer limites claros e consistentes. Como pais, devemos evitar fazer ameaças que não vamos cumprir: "Se você não tomar a sopa, não vai assistir à TV"; "Se você não fizer a lição de casa, não vai poder sair para brincar"; "Se você não fizer isto, não poderá fazer aquilo…". O que geralmente acontece é que não cumprimos essas ameaças; então, o que na realidade estamos fazendo é uma "chantagem emocional". Alteremos o estilo. Simplesmente permitamos-lhes conhecer seus deveres e seus privilégios. Assim saberão que devem cumprir seus deveres para não perder privilégios. E sejamos firmes!

O jogo dos limites claros

As crianças devem aprender que tudo o que fazem tem conseqüências. Uma forma divertida para que compreendam isso é fazer um quadro no qual elas possam visualizar as prerrogativas que usufruem normalmente. Por exemplo: assistir à televisão, brincar no parque, comer chocolate, andar de bicicleta etc.

Com base nessas prerrogativas, pode-se estabelecer que, da mesma forma que desfrutam certos atributos, também devem cumprir certas obrigações, como manter o quarto arrumado, fazer as lições de casa, escovar os dentes etc.

Os pais podem propor aos filhos um jogo ao cumprir as obrigações diárias. Se não as cumprirem, porão em risco os privilégios, chegando mesmo a perdê-los. Por exemplo, se a criança não fizer as lições de casa pela segunda vez, perderá o direito de assistir à TV durante a tarde.

Desta forma, a criança irá aprendendo que seus atos têm conseqüências, de acordo com regras claras. Pouco a pouco, irá aceitando de forma responsável que o melhor é evitar a perda de seus privilégios.

Note que não estamos falando de castigos. É mais positivo e motivador falar em perder privilégios do que em castigar. Assim, acabam as ameaças ou situações humilhantes, nada proveitosas. O importante aqui é cumprir claramente a regra combinada sobre a perda de prerrogativas.

CAPÍTULO

Atividades construtoras de auto-estima

Ao realizar estas atividades, não devemos nos esquecer de que as crianças são exatamente isto: crianças, não adultos. E é assim que os pais devem educá-las: como crianças. Como o que elas mais gostam é de brincar, a melhor forma de ensiná-las é por meio de brincadeiras.

Cada exercício apresentado aqui tem como objetivo destacar as qualidades de seu filho e assegurar seu autoconhecimento, desenvolvendo a confiança em si mesmo. Devemos olhar com propósito integral todas as ações que realizamos com nossos filhos. Ou seja, que cada atividade seja complementar às demais. Devemos entender que esse plano de crescimento é parte de algo maior. É um processo que se desenvolve pouco a pouco no tempo e que deve ser exercitado continuamente, da mesma maneira como faz um atleta, que, por meio de treinamento diário, consegue melhorar o desempenho.

Qual é a finalidade das atividades?

- **Ensinar a criança a enxergar o mundo positivamente**, destacando as qualidades de cada uma das pessoas que a rodeiam. Desta forma, estaremos reafirmando a segurança em si mesma e a auto-estima.

- **Ajudá-la a desenvolver sua capacidade de expressão**, para que possa manifestar de forma verbal seu agrado, desagrado, felicidade, tristeza, amor, raiva, indignação, de tal maneira que desenvolva habilidades e competências que lhe permitam exteriorizar livremente seus sentimentos. Isto a ajuda a entender-se, a alcançar uma maior compreensão de si mesma, do que ela é e do que quer para si.

- **Explorar o mundo que a rodeia**, conhecer seus perigos e aprender a encontrar as áreas onde pode sentir-se protegida. Estes jogos ajudam-na a informar-se sobre seu habitat, a saber mover-se no âmbito exterior, a sentir-se segura e a discriminar entre o que é ou não perigoso, o que é ou não nocivo para ela, a saber que coisas lhe convêm ou não.

Não se esqueça...

Existe uma crença de que o consumo de drogas é uma doença.
NÃO, não é!
Quem consome sempre tem a capacidade de decisão, tem a possibilidade de decidir se consome ou não.
Daí a importância de desenvolver na criança a capacidade de perceber o que é mais conveniente para ela.

Atividades

Conhecer a si mesmo: jogo do "quem quero ser"

Pais, convidem seu filho a pôr-se de pé diante de um espelho. Digam-lhe para imaginar quem ele quer ser.

Estimulem-no a mencionar profissões e utilizar fantasias. Facilitem-lhe materiais para criar diferentes trajes. Que use a roupa dos pais, que se imagine sendo papai ou mamãe, o avô, o tio ou personalidades que admira.

Brinquem também, imaginando profissões ou ofícios, ajudando-o a projetar-se: "o que você quer ser quando crescer?". Guiem-no, mostrando-lhe desempenhos diferentes, tanto os mais como os menos positivos, conversando sobre cada um deles. "Você gostaria de ser um bancário,

um médico, um professor, um policial, um bombeiro…?" A criança se fantasia e se veste como cada um desses profissionais. "Que atividades desempenha um professor? O que você precisa fazer para ser professor? Como você se sentiria sendo professor?"

Não importa se a criança será ou não bancário ou professor. A simples conversa sobre o que ela gostaria de fazer vai ajudá-la a conhecer-se, a descobrir o que lhe agrada ou não, vai ajudá-la a aprender a conduzir a si mesma e a discriminar acerca do que quer fazer e de quem quer ser. Os pais podem brincar com vários personagens, de acordo com as preferências de seu filho.

Com este exercício, trabalha-se a importância de cada um aceitar-se como é, com suas qualidades e defeitos, com seus aspectos positivos e outros nem tanto. É importante ensinar a criança a viver com o que tem e a explorar suas qualidades.

Projetemos seus ideais!

Aceitar-se como é: a meia inconformada

Era uma vez uma meia que vivia aborrecida por estar sempre com um pé enfiado nela. Certa manhã, decidiu passear em outro lugar. Mas havia um problema... sem o pé, era muito difícil mover-se para qualquer lado.

A meia pensou... pensou... e pensou. Finalmente, conseguiu que sua irmã gêmea, a meia do outro lado, a ajudasse a sair do pé e chegar até a mão. A meia ficou muito feliz! Agora podia respirar ar puro e ver o sol, pois não precisava ficar fechada dentro do sapato. Mas a felicidade durou pouco, pois a meni-

na dona da mão foi correndo lavar as mãos e, tanto se apressou, que nem teve tempo de tirar a meia e molhou-a. Triste e toda encharcada, a meia continuou seu caminho e decidiu instalar-se no rosto da dona; dali, as coisas eram ainda mais lindas: estava bem no alto e o vento fresco a secou.

Ela começou a desfrutar o sol; mas a menina estava muito incomodada, pois a meia a fazia sentir muito calor. Então, arrancou-a do rosto. No entanto, a meia era muito teimosa e não queria voltar a seu lugar. Insistia em não querer perceber que, sendo uma meia, não tinha opção senão regressar ao pé onde definitivamente era o seu lugar...

Perguntas às crianças

- Qual era o problema da meia?
- Como o solucionou?

- Em que outro lugar ela poderia colocar-se?

- Qual é o melhor lugar para a meia?

Em torno deste tema, podem surgir muitas outras perguntas para serem discutidas. Convidem as crianças a criar um final feliz para a meia e depois expliquem-lhes a importância de nós nos aceitarmos tal como somos e o lugar que nos corresponde.

*É preciso nos aceitarmos
como somos!*

Ver as qualidades importantes: o duende que oferecia o riso

As crianças pequenas adoram as histórias que seus pais lhes contam; e se, além de as desfrutarem, puderem aprender algo, melhor.

Em um lugar chamado "País das Cócegas", vivia um duende travesso que gostava de ver as pessoas sempre felizes.

Todos os que chegavam a esse lugar deveriam rir sempre ou, do contrário, ficariam sujeitos a que o duende os borrifasse com seu pozinho mágico que fazia com que as pessoas rissem sem parar.

Um dia passou pela aldeia um vendedor de chapéus. Era um homem magro, muito sério e mal-humorado; por causa disso, quase ninguém comprava seus chapéus.

31

Assim que soube de sua chegada, o duende começou a fazer cócegas no nariz dele. Mas o homem não achou graça nenhuma, só sentiu vontade de espirrar e ficou muito irritado. O duende decidiu, então, dar-lhe uma lição. Encantou os chapéus de tal forma que todo aquele que os experimentava desatava a rir.

Assombrado, o vendedor colocou em si um dos chapéus para pesquisar o mistério, mas, ao fazer isso, caiu em gargalhadas incontroláveis. Aquilo era maravilhoso, ele nunca tinha rido assim. Sentiu que todo o seu corpo se libertava do peso do seu mau humor e ficou leve como o vento.

Desde esse dia, ele descobriu que o riso é um presente que nos permite ver o mundo com felicidade. Tornou-se, então, em um vendedor de gargalhadas, *pois seus chapéus ficaram encantados para sempre.*

Assim que terminarem de ler este conto, papai e mamãe, proponham a seus filhos brincar de rir... "Hoje vamos todos rir, e a regra do jogo é arrancar gargalhadas uns dos outros" (do papai, da mamãe, do irmão, do amigo...).

Podem fazer cócegas ou brincar de "jogo do sério" (olhar rígida e fixamente para o rosto uns dos outros durante um tempo) ou simplesmente contar uma piada. O importante é que se divirtam com seus filhos em situações simples e que aprendam a estar alegres em família pelo simples prazer de brincarem juntos.

Brincar e partilhar!

Aprender o valor da amizade: o leão e o rato

Um leão estava tirando um cochilo e alguns ratinhos travessos que passavam, vendo-o adormecido, subiram sobre ele, sem respeito, e começaram a brincar, escondendo-se no meio de sua juba e saltando entre suas patas.

Fizeram tanto alvoroço que o leão despertou, e, quando alguém está cochilando e é acordado, o mais provável é que fique de mau humor.

O leão soltou um rugido e os ratos fugiram aterrorizados, mas, com um movimento de sua garra, a fera apanhou o menor e olhou-o com expressão feroz.

— Não me faça mal — suplicou o ratinho. — Serei seu amigo e, se algum dia você estiver em perigo, eu o ajudarei.

O leão achou tanta graça que o soltou. Aquele ratinho estava oferecendo ajuda a ele, o rei da selva!

— Está bem, ratinho valente — disse o leão, rindo. — É sempre bom ter um aliado como você.

Pouco tempo depois, o leão caiu na rede de caçadores e, por mais que se esforçasse, não conseguia escapar. Já se dava por perdido quando passou o ratinho que, com seus dentes afiados, roeu um nó da rede e o libertou.

Qualquer amigo, por menor que pareça, é sempre muito valioso.

Desde pequenas, as crianças devem aprender a valorizar as pessoas e saber como a amizade é importante. Assim, sejam maiores ou menores, de cor ou raça diferentes, mais ricas ou mais pobres, nunca devemos discriminar ninguém.

Se falarmos com nossos filhos sobre as diferenças entre os seres humanos, estaremos contribuindo para a melhor convivência, para aceitar os demais, para ajudá-los quando necessitarem. Sentir-se útil contribui de forma sensível para a construção da auto-estima.

Aceitemos as diferenças!

Expressar os afetos:
o que dou e o que recebo

Conversem com seus filhos sobre a forma como vocês lhes dão carinho e amor. Sentem-se juntos e desenhem com lápis coloridos o que seus filhos recebem e dão a vocês. Enquanto realizam a atividade, falem sobre como eles recebem o que vocês lhes dão, conversem sobre o que gostam, o que preferem e o que querem mudar.

Da mesma forma, conversem sobre o modo como vocês recebem o carinho deles. Lembrem-se de que essa conversa é para os pais conhecerem-se e conhecerem seu filho. Para ouvirem-se, perceberem-se, entenderem-se. É uma conversa *construtiva e não de reclamações e julgamentos*.

Expressem seu amor da maneira mais sincera e do modo como se sentirem mais à vontade. Todos nós somos diferentes e expressamos nossos sentimentos de forma distinta. O fundamental é fazê-lo respeitosamente.

A vida passa muito rápido e estamos sempre cheios de ocupações (trabalho, estudos, exercícios físicos, atividades domésticas etc.); no entranto, esquecemo-nos de parar um momento para pensar na necessidade que nossos filhos têm de que lhes digamos o quanto os amamos.

Por causa da angústia que sentimos pelo pouco tempo disponível para eles, nós os enchemos de coisas materiais (roupas, brinquedos, aparelhos eletrônicos, doces etc.) para suprir alguma carência; mas o que nossos filhos pedem é que passemos algum tempo com eles. Querem se sentir amados por seus pais, perceber que são muito importantes e que podem partilhar sua vida com os genitores, porque eles estão presentes.

Quando não estamos fisicamente presentes, podemos telefonar para eles, deixar-lhes um recado, perguntar, por exemplo, como foi o jogo de futebol ou sobre qualquer atividade essencial para eles. A mensagem inerente é sempre "eu me interesso e me preocupo com as coisas que são importantes para você". O fundamental é que se sintam acompanhados por seus pais.

Sejamos afetuosos!

Desenvolver a auto-estima: ser robô ou ser princesa

Entre os temas preferidos dos meninos, no mundo moderno e cibernético de hoje, estão os assuntos espaciais. Como o que eles mais gostam é de brincar, brinquem com eles e, ao mesmo tempo, conheçam-nos.

Peçam a seu filho que desenhe um personagem diferente, com partes humanas e partes de robô.

Enquanto ele desenha esse personagem, conversem sobre como é possível

viajar à velocidade da luz. Façam perguntas: "Que lugar seu personagem gostaria de conhecer? Com quem ele quer brincar? Por quê?".

Com as meninas, utilizem um personagem que as encante, como, por exemplo, uma princesa, uma cantora ou uma bailarina. E, da mesma maneira, enquanto estiver desenhando o personagem, perguntem a elas: "Onde vive a sua princesa? Aonde ela gostaria de ir? Por quê?".

Depois, peçam a seu filho ou filha que atribua qualidades ao seu personagem. "Quais são seus atributos? Por que parecem importantes?". Por meio dessas perguntas e com base no desenho feito, conversem com a criança.

A seguir, enquanto ele ou ela ainda estiver desenhando, peçam-lhe que atribua sentimentos ao personagem. Esses sentimentos podem ser felicidade, tristeza, alegria, susto, raiva, carinho, irritação, amargura, tranqüilidade ou qualquer outro sentimento ou emoção que ocorra à criança. Perguntem-lhe: "Por que o personagem tem esses sentimentos? Que habilidades você gostaria que o personagem tivesse para ter controle sobre esses sentimentos? Por quê?".

Geralmente, o que acontece nesses jogos é que, ao criar seu personagem, a criança atribui-lhe coisas que ela mesma gostaria de ter. Assim, por meio da conversa, vocês terão a possibilidade de saber coisas sobre seu filho ou filha e conseguir que ele ou ela adquira autoconhecimento, que explore o que lhe agrada.

Conversem com seu filho ou filha sobre a possibilidade de converter as qualidades, sentimentos e habilidades do personagem em realidade. Perguntem o que falta ao robô ou à princesa para que se tornem reais. Depois, comentem as coisas boas que o personagem tem e que seu filho ou filha poderia ter e como essas qualidades podem ser fortalecidas.

O importante para seus filhos é que vocês não os desqualifiquem; que os respeitem como são, com suas fortalezas e fragilidades. Vê-los como pequenas pessoas que cada vez se tornam mais independentes, diferentes de seus pais em muitas coisas e parecidas em outras. Nós, como pais, não podemos pretender que eles sejam como gostaríamos que fossem. Eles simplesmente são o que são; por isso, devemos amá-los e respeitá-los em toda sua dimensão. Nesse sentido, devemos fortalecer suas qualidades.

As crianças, assim como os heróis de ficção científica ou as princesas, adoram ser protagonistas, e, quanto mais crescem, mais gostam de ser independentes e sentir-se autoras do próprio caminho. É nesse caminhar de nossos filhos que devemos estar presentes, acompanhando-os e guiando-os da melhor maneira; deixando-os escolher e ser protagonistas, aproveitando as próprias qualidades e fortalecendo-os. Permitindo-lhes sentir-se personagens importantes, mas respeitando sempre suas preferências e seus gostos.

Por meio deste jogo, estaremos destacando suas qualidades e dando-lhes a possibilidade de descobrirem-se como protagonistas da própria história.

É bom sentir-se importante!

O que eu gostaria de fazer: sonho acordado

Sentem-se com seu filho em um lugar agradável e digam-lhe o seguinte: "Feche os olhos e imagine que está entrando em um mundo ideal; traga à sua mente seus sonhos passados… presentes… e futuros. Lembre-se de algo que você tenha desejado, recorde-se de uma fantasia, um sonho que teve, a parte boa e a ruim. Depois, pense no presente; fale sobre seu sonho de agora e sobre a parte boa e a ruim dele. E no futuro, qual é seu sonho? Fale também sobre o que é bom e ruim nele".

Então, conversem com seu filho sobre a forma como o maior sonho da vida dele poderia se tornar realidade. O que ele poderia realizar para alcançá-lo e o que vocês, pais, podem fazer para ajudá-lo a tornar esse sonho realidade.

Quando falamos com outras pessoas acerca de como conseguir as coisas que desejamos, abrimos possibilidades de as conseguirmos. O simples fato de conversar a respeito aproxima-nos mais da concretização de um sonho.

Se as crianças aprenderem que, para tornar seus desejos realidade, devem esforçar-se para consegui-lo, as crianças terão dado um grande passo. Terão aprendido que eles têm, sim, a possibilidade de decidir sobre as próprias vidas e sobre o que desejam fazer.

Quando vocês, pais, conversarem com seus filhos, permitam-lhes fantasiar, escutem-nos com atenção e apóiem-nos naquilo que consideram benéfico para eles. Há sempre algo que pode ser construtivo para a vida futura. Respeitem-nos como indivíduos e pessoas independentes, que têm

sentimentos, gostos e preferências próprios, e que são tão válidos quanto os seus.

Respeitemos os gostos das crianças!

As mudanças são úteis: o palavroscópio

Vocês conhecem o caleidoscópio? É um cilindro com pedrinhas coloridas rodeadas por espelhos. Quando o giramos, e olhamos pelo visor, vemos como se formam figuras muito divertidas, de cores diversas.

Fabriquem um caleidoscópio diferente com seus filhos: em vez de pedras coloridas, que alteram as figuras ao girar, terá papéis coloridos. Dê-lhe o nome de *palavroscópio*. Em cada papel, cada membro da família escreve as mudanças que gostaria de fazer no lar. Pode ser apenas uma ou muitas mudanças.

Na vida, há momentos em que é preciso fazer alterações em diferentes áreas. Podemos trocar a disposição dos móveis na casa, modificar o cardápio que preparamos normalmente ou os programas de fim de semana. Também podemos variar a forma como nos cumprimentamos de manhã ou nos relacionamos.

Escrevam em papeizinhos as mudanças que sugerem para a solução dos problemas na família ou para a tomada de decisões, ou ainda sugestões de mudanças na decoração da casa ou no uso das coisas. Dobrem todos os papéis e introduzam-nos em um cilindro que será o *palavroscópio*. Cada um vai tirar um papelzinho e lê-lo em voz alta. Depois, todos discutem sobre a proposta. Explorem as coisas boas e as menos boas que essa mudança traria para a família. O importante é que todos cheguem a um acordo no final.

Esta é uma excelente forma de convidar seus filhos a participar dos assuntos familiares. Mudanças sempre são momentos interessantes. O simples fato de quebrar a rotina faz com que o cotidiano seja mais divertido e nos permite rever o funcionamento da família. Assim, todos podem conhecer o ponto de vista uns dos outros e aprender a chegar a acordos e consenso.

Convidar seus filhos a participar dessas situações faz com que eles se sintam importantes e responsáveis. A possibilidade de expressar-se e tomar decisões contribui para desenvolver as boas relações.

Mudar é muito bom!

Saber tomar decisões: como decido?

Uma das coisas mais difíceis aos seres humanos é saber tomar decisões no momento adequado. Se seus filhos se virem envolvidos, desde pequenos, em atividades que pratiquem a delicada tarefa de decidir, autônoma e responsavelmente, será mais fácil exercê-la quando forem adultos.

Durante toda a vida, nós estamos constantemente tomando decisões, algumas pequenas, outras grandes. O adulto, ao dirigir um carro, decide qual é a rota mais curta ou agradável para seguir; a criança, quando chega da escola, decide se faz as lições de casa ou se brinca, se arruma seu quarto ou se assiste à televisão, se gosta de seus coleguinhas ou se deve se afastar de alguém que a incomoda; mais tarde, quando termina seus estudos, decide se entra na universidade, se trabalha ou se deve se dedicar a algo especial; no momento certo, avaliará qual é a decisão mais apropriada.

Tomar decisões, pensar sobre o que se deve fazer, é uma habilidade. Aprender a tomar boas decisões também. Algumas crianças adquirem intuitivamente essas habilidades, mas a maioria precisa de ajuda. E vocês, pais, têm grande influência nesse processo, que começa no momento exato em que os filhos nascem.

Acalmar-se com uma chupeta, com o dedo na boca ou usar um cobertor ou manta é a maneira como os bebês mostram suas preferências ou primeiras decisões. Refletem o que lhes agrada ou desagrada. Desde bebês, são capazes de distinguir os odores que preferem e as coisas que são agradáveis à pele. Os pais têm a capacidade de conhecer seus filhos melhor que qualquer outra pessoa.

Os passos para aprender a tomar decisões responsáveis acontecem dentro da família. A princípio, as opções podem ser simples e sem importância, como, por exemplo, se deitar de costas ou de bruços, o que comer, os brinquedos com que quer brincar na banheira.

Devemos dar oportunidades a nossos filhos de tomarem decisões na vida diária, dependendo de sua idade. Para ter êxito na tomada de decisões, é preciso começar quando eles são bem pequenos, ajudando-os a encontrar possíveis soluções para seus problemas.

Estimulem-nos a fazer perguntas e reunir informações. Permitam-lhes cometer erros. Que as más decisões possam ser tomadas, desde que vocês estejam sempre disponíveis para apoiá-los e ajudá-los a entender as conseqüências das decisões. Se os pais reagirem de maneira exagerada diante dos erros, as crianças poderão se converter em pessoas com medo de falhar e com receio da desaprovação alheia. Dessa maneira, não vão estar dispostos a tomar decisões ou a procurar soluções para erros futuros.

Talvez o que os filhos necessitem é de ajuda para obter informações com relação às suas decisões. Permitam-lhes ter a oportunidade de pensar nas possibilidades oferecidas por certos problemas. Pensem juntos nos pontos fortes e fracos de cada opção e nas conseqüências de cada solução. Depois, ensinem-nos a usar a inteligência e os sentimentos para tomar decisões. Essa influência estará presente por toda a vida deles.

O importante é saber que sempre que tomamos uma decisão devemos ser capazes de assumir as conseqüências, ou seja, aceitar o que pode acontecer a partir de nossa determinação. Muitas decisões são fáceis e rápidas de serem tomadas; outras dão mais trabalho.

Como pais, falemos com nossos filhos sobre o fato de que todos nós estamos permanentemente tomando decisões. Devemos saber, ao lado deles, que existem vários tipos de decisões que podem simplificar para todos a tarefa de entender o processo. Existem pelo menos três tipos de decisões com as quais nos defrontamos todos os dias:

1. Decisões impulsivas: são rápidas e não perdemos tempo para refletir sobre elas, atuando por instinto e desafiando a sorte. Em geral, decidimos sem pensar nem considerar as conseqüências que nos trarão: devolver o empurrão a quem tropeçou em mim; bater em meu irmão quando fico furioso; ficar no recreio e continuar a brincar em vez de ir para a classe.

2. Decisões por hábito: são as que geralmente tomamos da mesma maneira, ou seja, por hábito. Por exemplo: escolhemos o mesmo caminho para chegar em casa na volta da escola. Normalmente, são decisões que funcionaram no passado e por isso continuamos a fazer da mesma forma. Mas, às vezes, é preciso rever se continuam sendo úteis e benéficas ou se é hora de mudar.

3. Decisões ponderadas: são as que avaliamos cuidadosamente antes de tomar, observando as conseqüências que possam trazer. Ou seja, pensamos bem e consideramos os aspectos positivos e negativos. Refletimos sobre elas com atenção, pois têm uma conseqüência importante e transcendental em nossa vida. Para tomá-las, contemplamos outras soluções alternativas e, da mesma maneira, observamos suas conseqüências.

No caso das crianças, uma decisão ponderada pode ser se fazem ou não as lições de casa, se estudam ou não para uma prova. Quais são as conseqüências de fazê-lo ou não? O que aconteceria se não escovassem os dentes pelo menos duas vezes por dia?

Conversem com seus filhos sobre quais são as mais importantes decisões ponderadas que tomaram. Avaliem juntos as conseqüências boas e ruins que cada uma delas trouxe. Os pais não devem ser nem parecer juízes; simplesmente, vão observar juntos a forma como tomaram as decisões. É a criança quem deve chegar a conclusões, como protagonista da própria história, a partir da avaliação das conseqüências de suas decisões.

CAPÍTULO
3
O uso do tempo livre

𝒰m grande inimigo na sociedade de hoje é o ócio. Em minha experiência com o trabalho que realizamos em atividades de prevenção, este capítulo é fundamental.

Frases muito comuns entre os jovens pré-adolescentes e adolescentes são: "que tédio, que 'porre', que 'saco'… não tenho nada para fazer". Estão constantemente em busca de novas emoções e, se não tiverem atividades interessantes às quais dedicar seu tempo livre, será mais fácil caírem nas drogas.

Porém o gosto por investir tempo em atividades motivadoras desenvolve-se desde que são pequenos. Há uma ampla variedade de práticas e entretenimentos para lhes oferecer.

Atividades culturais: museus, bibliotecas, conjuntos musicais, grupos de teatro, cinema, dança etc. Hoje em dia, as grandes cidades oferecem, geralmente durante o fim de semana, uma grande variedade de atividades culturais de baixo custo ou até mesmo gratuitas. Nós, como pais, devemos dar a oportunidade a nossos filhos de descobrir essas formas saudáveis e produtivas de empregar o tempo livre. À medida que as vão conhecendo, eles mesmos vão decidindo do que gostam ou não. Combinemos diferentes planos e deixemos que participem na escolha de suas atividades preferidas.

Atividades desportivas: o esporte adquire cada vez maior importância na vida sedentária do mundo moderno, e os meios publicitários enviam-nos constantemente mensagens de esportes que convidam à adrenalina pura. A melhor "droga" é a endorfina que nosso organismo produz naturalmente ao se exercitar. Há uma grande quantidade de esportes entre os quais nossos filhos podem escolher.

Não importa quantos precisam experimentar até saber qual lhes agrada mais; pouco a pouco eles descobrirão. Nós, como pais, devemos dar-lhes a possibilidade de conhecer e praticar diferentes atividades.

Hobbies: leitura, jogos, atividades comunitárias, culinária, pintura, escultura, instrumentos musicais, dança etc. Há inúmeras atividades e passatempos. Nós, como pais, devemos despertar o interesse de nossos filhos desde pequenos com entretenimentos que gerem compromisso e motivação.

Devemos fazer com que dividam seu tempo livre desfrutando uma grande variedade de atividades, evitando que fiquem apenas diante de um televisor ou computador. Mas, se eles nos virem agindo assim, esta tarefa será mais difícil.

Se lhes oferecermos atividades adequadas a seus gostos, com o tempo, seguramente vão procurar alternativas. O importante é estimulá-los para que tenham interesse em se manter ativos. Lembremo-nos sempre de que o ócio é o melhor aliado das drogas.

CAPÍTULO

4

Drogas legais e ilegais

Breve descrição

Como pais, devemos conhecer quais são as diferentes substâncias psicoativas mais comuns que se consomem na atualidade, e que nossos filhos podem encontrar com facilidade.

Geralmente, quando nos referimos a drogas, pensamos em substâncias ilegais. Quase nunca relacionamos essa idéia à existência de substâncias legais como o álcool e o tabaco. Essas drogas, mesmo sendo legais, também produzem enormes danos, e o abuso pode causar efeitos letais.

A primeira coisa que devemos lembrar é de que o Sistema Nervoso Central (SNC) se encarrega das atividades mentais superiores, isto é, funções como o pensamento, a linguagem e a memória.

O SNC é composto por células nervosas, os neurônios, que têm uma cauda longa, o que as diferencia das demais células do corpo. Esta cauda chama-se *axônio* e, em sua extremidade, há várias ramificações chamadas *dendritos*. Estas ramificações entram em contato umas com as outras, isto é, com os dendritos dos axônios de outros neurônios, e o espaço que existe entre os dendritos chama-se *sinapse*.

A sinapse é o processo que permite a comunicação entre os aproximadamente 28 bilhões de neurônios do sistema nervoso. Produz-se mediante sinais químicos e elétricos e ocorre nos *botões sinápticos*, situados em cada extremo das ramificações do axônio.

No interior de cada botão sináptico, existem pequenos depósitos cheios de uma substância química chamada *neurotransmissor*, que ajuda na passagem da informação de uma célula a outra.

Para que o impulso elétrico seja transmitido, os íons positivos de sódio – que estão presentes fora do neurônio em estado de descanso – atravessam a membrana celular. No interior do neurônio, a carga elétrica é negativa. Quando penetram no neurônio, os íons positivos de sódio mudam a carga interna de negativa para positiva. À medida que o impulso avança pela membrana, seu interior recupera a carga negativa. Desta forma, o impulso vai passando de um neurônio para outro.

Todas as substâncias chamadas de drogas ou componentes psicoativos atuam sobre os neurotransmissores produzindo algum efeito.

De forma simples, podemos dizer que há quatro formas de classificar as drogas, de acordo com o efeito que produzem sobre os *neurotransmissores*:

- as depressoras do SNC;
- as estimulantes do SNC;
- as alucinógenas;
- as substâncias mistas (que produzem dois ou mais efeitos).

Drogas depressoras

São substâncias que atuam diminuindo a atividade do SNC, isto é, reduzem o estado de consciência, a atividade física, a resposta sensorial e criam dependência física e psicológica. Algumas destas substâncias são:

- o álcool;
- o ópio (heroína e morfina);
- os tranqüilizantes;
- os barbitúricos;
- os anestésicos e inaláveis (como a cola, a gasolina etc.).

O álcool, como depressor do Sistema Nervoso Central, reduz o ritmo respiratório e cardíaco, e os mecanismos de controle no cérebro. Entre seus efeitos por consumo elevado, estão:

- deterioração da capacidade de realizar tarefas complexas (como conduzir um veículo);
- redução das inibições, o que leva a comportamentos vergonhosos;
- diminuição temporária da ansiedade;
- redução do período de atenção;
- deterioração da memória de curto prazo;
- perda da coordenação motora;
- tempos de reação prolongados;
- processo de pensamento mais lento.

Drogas estimulantes

Fazem aumentar a ação de alguns neurotransmissores. O resultado é que incrementam, ou dão a impressão de incrementar, funções como a resposta sensorial e a capacidade física. Também criam dependência física e psicológica. Produzem efeitos colaterais, como ansiedade e insônia. A substância mais conhecida desta categoria é a *cocaína*.

A coca é uma planta nativa da América do Sul, cujas folhas são utilizadas há séculos pelas culturas andinas, mastigadas ou em chás, como estimulante. Já a cocaína é um pó branco e cristalino, altamente viciante, obtido do refino da pasta da folha de coca; geralmente consumido por inalação, pode levar à necrose da mucosa e septo nasais.

Da pasta da folha de coca, também se produz o *crack*. Ele é feito da sobra do refino da cocaína ou da pasta não refinada misturada a bicarbonato de sódio e água. É apresentado no mercado como cristais que são fumados numa espécie de cachimbo improvisado, com efeitos ainda mais devastadores.

Dentro desta categoria também se encontram as *anfetaminas*, anteriormente utilizadas para emagrecer.

Drogas alucinógenas

Como o nome indica, dentro desta categoria estão as substâncias que podem produzir alucinações (tanto visuais como auditivas e táteis), ou seja, um estado de alteração da consciência. Sob seu efeito, as pessoas vêem, ouvem e sentem coisas que na realidade não existem. Embora não viciem, isso não quer dizer que não sejam prejudiciais, pois, a longo prazo, podem provocar efeitos extremamente nocivos. Entre estas substâncias encontram-se a mescalina, o LSD e o ayahuasca.

Os "retrocessos ao passado", ou *flash-backs* produzidos pelo LSD, são muito comuns, o que significa que os efeitos da droga podem reaparecer inesperadamente até muito tempo depois de tê-la usado, dias ou anos mais tarde.

Os consumidores de drogas alucinógenas também podem desenvolver tolerância, o que quer dizer que eventualmente precisam de quantidades cada vez maiores para obter os mesmos efeitos.

Drogas mistas

São todas aquelas substâncias que produzem dois ou mais efeitos (depressoras, estimulantes ou alucinógenas). Entre as mais conhecidas, estão:

- a maconha;
- o *ecstasy*;
- o tabaco.

O tabaco tem vários componentes, entre eles a nicotina e o alcatrão. A primeira é altamente viciante, pois, quando o nível de nicotina no organismo diminui, o fumante sente uma necessidade estimulante de fumar. Se não a satisfizer, pode chegar a desenvolver estados de irritabilidade, nervosismo, falta de concentração etc.

O tabaco também contém outras substâncias químicas altamente nocivas, as quais aumentam sensivelmente a probabilidade de desenvolver câncer de pulmão, laringe, lábios, língua, bexiga e esôfago.

No aparelho respiratório podem criar lesões nos cílios e na membrana mucosa (sistema de defesa do órgão respiratório) e bronquite crônica.

No aparelho cardiovascular, aumenta a probabilidade de desenvolver insuficiência coronária e outras doenças cardiovasculares.

Entre os efeitos menores do cigarro, estão o mau hálito, as manchas nos dentes, a tosse persistente e uma menor resistência às doenças, além de alterações do apetite, do sono e dos sentidos do olfato e do paladar.

Além disso, observou-se, de acordo com investigações recentes, que, quando os jovens iniciam o consumo de tabaco (cigarro), de forma intensa e constante em uma idade tenra (11, 12 e 13 anos), é maior a probabilidade de que prossigam utilizando substâncias psicoativas cada vez mais fortes. Trata-se da teoria da escalada, que explica como o consumo de drogas se inicia com substâncias legais (álcool e/ou tabaco) e depois continua com substâncias ilegais chamadas "suaves", como a maconha, para depois prosseguir com as pesadas, como a heroína e a cocaína.

CAPÍTULO 5

Despedida

Esperamos que este itinerário lhes tenha ajudado na comunicação com seus filhos. A partir destes jogos e destas atividades, podemos inventar muitos outros, com o mesmo objetivo.

Em geral, estamos mais acostumados a curar os problemas do que a preveni-los. Observemos o âmbito das doenças. Tomávamos um medicamento para a gripe quando já estávamos muito doentes. Íamos ao médico para nos curar em vez de nos prevenir. Hoje existem as vacinas que nos ajudam, inclusive, a evitar gripes.

Na higiene bucal, visitamos o dentista para que aplique selante e flúor nos dentes de nossos filhos a fim de ajudá-los a prevenir as cáries. Hoje, a tendência é adiantar-nos à situação com o objetivo de evitar que algo indesejado ocorra.

Com base em estudos internacionais sobre a prevenção de consumo de substâncias psicoativas, observou-se que o mesmo acontece neste campo. É por isso que hoje recomendamos aos pais que se ocupem dos fatores protetores que ajudam a prevenir o consumo de drogas desde cedo. Se nos anteciparmos à situação, a probabilidade de êxito será maior, tal como acontece com as gripes ou as cáries.

Lembrem-se de que nunca acabamos de educar nem de aprender. E tal como as flores que devem receber luz e água diariamente, as crianças devem receber nosso amor e interesse todos os dias.

Devemos cuidar delas como de plantas, demonstrando-lhes o nosso amor e partilhando o tempo juntos. Pais, aproveitem o tempo e desfrutem-no com seus filhos. Lembrem-se: colhemos depois o que semeamos hoje.

Sumário

CAPÍTULO 1
Fatores que previnem o consumo 11
  Quais os fatores familiares
    mais significativos? 12

CAPÍTULO 2
Atividades construtoras de auto-estima 21
  Qual a finalidade das atividades? 22
  Atividades 25

CAPÍTULO 3
O uso do tempo livre 59

CAPÍTULO 4
Drogas legais e ilegais 65
  Breve descrição 65
  Drogas depressoras 69
  Drogas estimulantes..70
  Drogas alucinógenas 72
  Drogas mistas 73

CAPÍTULO 5
Despedida 77